MI BURRO ENFERMO

ILUSTRADO POR GERALD ESPINOZA

EDICIONES EKARÉ

A mi burro, a mi burro,
le duele la cabeza.

El médico le ha puesto
una gorrita negra.

Una gorrita  negra,

mi burro enfermo está.

A mi burro, a mi burro,
le duele la nariz.

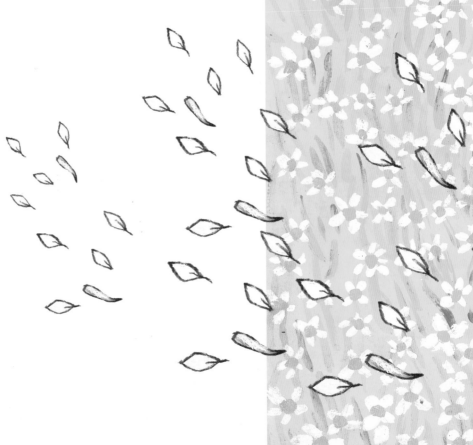

El médico le ha dado
agüita con anís.

Una gorrita  negra,

agüita con anís,

mi burro enfermo está.

A mi burro, a mi burro,
le duele la garganta.

El médico le ha puesto
una bufanda blanca.

Una gorrita negra,
agüita con anís,
una bufanda blanca,

mi burro enfermo está.

A mi burro, a mi burro,
le duele el corazón.

El médico le ha dado
gotitas de limón.

Una gorrita  negra,

agüita con anís,

una bufanda blanca,

gotitas de limón,

mi burro enfermo está.

A mi burro, a mi burro,
le duelen las rodillas.

El médico le ha dado
un frasco de pastillas.

Una gorrita negra,

agüita con anís,

una bufanda blanca,

gotitas de limón,

un frasco de pastillas,

mi burro enfermo está.

A mi burro, a mi burro,
le duelen las pezuñas.

El médico le ha puesto
emplasto de lechugas.

Una gorrita ⬢ negra,

agüita ☕ con anís,

una bufanda 🧣 blanca,

gotitas 💧 de limón,

un frasco 🫙 de pastillas,

emplasto de lechugas, 🥬

mi burro enfermo está.

A mi burro, a mi burro,
ya no le duele nada.

El médico le manda
a irse de parranda.

Mi burro sano está.

Partitura y letra

Mi burro enfermo

A mi bu - rro, a mi bu - rro le due - le la ca - be - za. El

mé - di - co le ha pues - to u - na go - rri - ta ne - gra. U -

na go - rri - ta ne - gra, mi bu - rro en - fer - mo es - tá.

EDICIONES
ekaré

Edición a cargo de Carolina Paoli y María Francisca Mayobre
Diseño y dirección de arte: Analiesse Ibarra

Agradecimiento a Mónica Bergna

Primera edición, 2010

Av. Luis Roche, Edif. Banco del Libro, Altamira Sur. Caracas 1060, Venezuela
C/ Sant Agustí 6, bajos. 08012 Barcelona, España
www.ekare.com

ISBN 978-84-937212-2-0
ISBN 978-980-257-344-8
HECHO EL DEPÓSITO DE LEY · Depósito Legal lf15120098004372

Impreso en China por South China Printing Co. Ltd.

1

A mi burro, a mi burro,
le duele la cabeza.
El médico le ha puesto
una gorrita negra.

2

Una gorrita negra,
mi burro enfermo está.

3

A mi burro, a mi burro,
le duele la nariz.
El médico le ha dado
agüita con anís.

4

Una gorrita negra,
agüita con anís,
mi burro enfermo está.

5

A mi burro, a mi burro,
le duele la garganta.
El médico le ha puesto
una bufanda blanca.

6

Una gorrita negra,
agüita con anís,
una bufanda blanca,
mi burro enfermo está.

7

A mi burro, a mi burro,
le duele el corazón.
El médico le ha dado
gotitas de limón.

8

Una gorrita negra,
agüita con anís,
una bufanda blanca,
gotitas de limón,
mi burro enfermo está.

9

A mi burro, a mi burro,
le duelen las rodillas.
El médico le ha dado
un frasco de pastillas.

10

Una gorrita negra,
agüita con anís,
una bufanda blanca,
gotitas de limón,
un frasco de pastillas,
mi burro enfermo está.

11

A mi burro, a mi burro,
le duelen las pezuñas.
El médico le ha puesto
emplasto de lechugas.

12

Una gorrita negra,
agüita con anís,
una bufanda blanca,
gotitas de limón,
un frasco de pastillas,
emplasto de lechugas,
mi burro enfermo está.

13

A mi burro, a mi burro,
ya no le duele nada.
El médico le manda
a irse de parranda.

14

Mi burro sano está.